MARAVILLAS ASOMBROSAS

EL COLISEO

POR LISA M. BOLT SIMONS

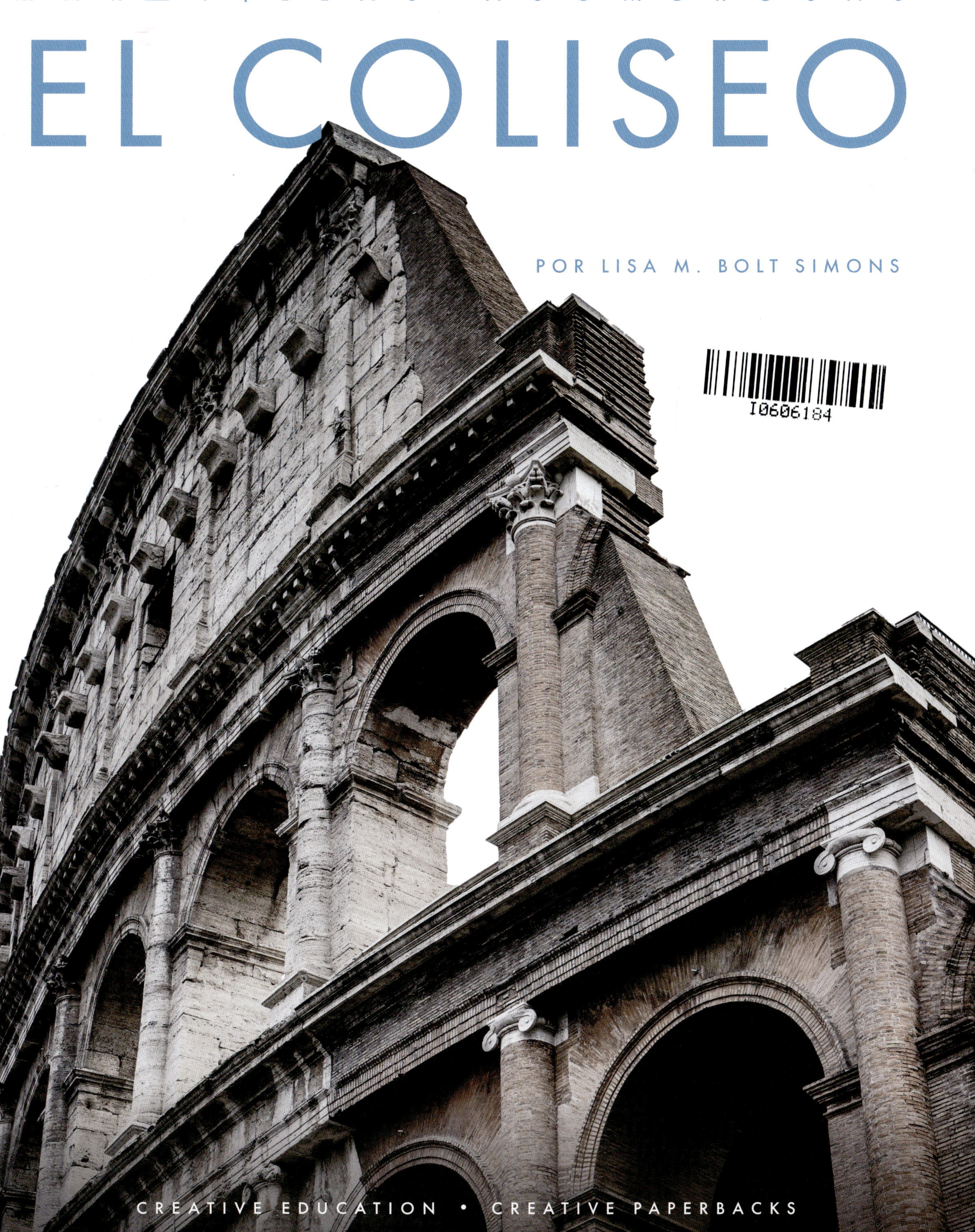

CREATIVE EDUCATION • CREATIVE PAPERBACKS

Publicado por Creative Education y Creative Paperbacks
P.O. Box 227, Mankato, Minnesota 56002
Creative Education y Creative Paperbacks
son marcas editoriales de Creative Company
www.thecreativecompany.us

Diseño de The Design Lab
Dirección de arte de Graham Morgan
Editado de Jill Kalz
Traducción de TRAVOD, www.travod.com

Fotografías de Getty (mikroman6), iStock (DenPotisev), Pexels (Andrea Albanese, Chait Goli, Jason Renfrow Photography, Mark Neal), Unsplash (Federico Di Dio photography, Mathew Schwartz, Ruben Ramirez, Spencer Davis, Ümit Yıldırım), Wikimedia Commons (Kasa Fue)

Cataloging-in-Publication data is available from the Library of Congress.
Library Binding ISBN: 9798889891079
Paperback ISBN: 9781682775301
eBook ISBN: 9798889891376

Impreso en China

Índice

Antiguo campo de batalla 4

Centro de la ciudad 6

Años de construcción 8

Regalo a los romanos 10

Bóvedas y arcos 14

Arena inundada 18

Imagen de Italia 20

Maravilla destacada: túneles ocultos 22

Índice alfabético 24

Cada año, cerca de siete millones de personas visitan el Coliseo.

El Coliseo es un gran **anfiteatro**. Tiene casi 2000 años de antigüedad. El edificio es famoso por las luchas entre los **gladiadores** y las peleas entre hombres y animales. Después, se lo usó como iglesia y, luego, como un castillo.

anfiteatro edificio oval o circular con gradas usado para eventos

gladiador un guerrero entrenado en la antigua Roma

El Coliseo se encuentra en el centro-oeste de Italia. Está en la ciudad de Roma. Roma es la capital de Italia. El Coliseo está en el centro de la ciudad.

El Coliseo tenía capacidad para unas 50 000 a 80 000 personas.

La planificación

del Coliseo comenzó en el año 70. Su construcción duró aproximadamente 10 años. La gente celebró el edificio terminado con 100 días de juegos. Tenían battalas entre gladiadores y luchas de animales.

En el Coliseo, los hombres se enfrentaban por deporte, a veces hasta la muerte.

El Coliseo fue idea del gobernante romano de la época. El emperador Vespasiano quería que este edificio fuera un regalo al pueblo romano. Murió antes de que estuviera terminado. Sus hijos Tito y Domiciano lo terminaron en su nombre.

Vespasiano gobernó Roma durante 10 años, del año 69 al 79.

Vespasiano tenía otro motivo para construir el Coliseo. El gobernante que lo precedió, el emperador Nerón, había hecho muchas cosas terribles. Vespasiano quería ser recordado como un hombre bueno. Hizo construir el Coliseo en tierras que antes le pertenecían a Nerón.

El Coliseo recibió el nombre de Anfiteatro Flavio en honor a Vespasiano y sus hijos, que pertenecían a la dinastía flavia.

Para los muros exteriores, los constructores usaron una piedra natural fuerte llamada travertino.

Miles de personas **esclavizadas** construyeron el Coliseo. Construyeron bóvedas, o techos con arcos. Estas bóvedas se hicieron con piedras pesadas y concreto. Las piedras se mantenían juntas con abrazaderas de hierro.

esclavizado obligado a trabajar sin paga ni libertad

El Coliseo tenía cuatro niveles. Tres niveles tenían arcos.

El Coliseo tenía 76 arcos para ingresar al edificio. El emperador usaba un túnel privado. Había otras dos entradas especiales. Una era para los gladiadores. La otra se usaba para sacar a quienes morían en la **arena**.

arena el área a nivel rodeada de gradas donde se celebran eventos

El piso de la arena fue retirado en el siglo XIX.

Cuando se construyó el Coliseo, la arena podía inundarse. La gente llevaba botes para simular batallas. Los constructores pronto agregaron túneles subterráneos llamados el **hipogeo**. En consecuencia, la arena en la parte superior ya no se pudo inundar.

hipogeo un sistema subterráneo de túneles y cámaras en el Coliseo

El Coliseo es una imagen de la antigua Italia. Nos enseña sobre la vida de las personas de hace mucho tiempo. Gran parte de esta maravilla se ha conservado durante casi 2000 años. Es uno de los lugares más visitados del país.

El Coliseo ha resistido guerras, condiciones climáticas y terremotos.

Maravilla destacada: túneles ocultos

El hipogeo era la parte subterránea del Coliseo. Tenía muchos sitios y túneles. Los gladiadores y los animales se quedaban allí antes de salir a la arena. Ochenta pasadizos que subían y bajaban se conectaban con la arena. Algunos de ellos tenían plataformas móviles. En ellas desplazaban animales más grandes, como elefantes e hipopótamos. Algunos de los túneles llevaban hacia el exterior del Coliseo. El área se restauró y se abrió al público en 2021.

Índice alfabético

animales, 4, 22
arcos, 15, 16
arena, 16, 19, 22
combates, 4, 8, 16, 22
construcción, 8, 11, 12, 15, 19
emperador Nerón, 12
emperador Vespasiano, 11–12
eventos acuáticos, 19
hipogeo, 19, 22
túneles, 16, 19, 22
ubicación, 7, 12
visitantes, 4, 20, 22